AF246892

I

BIOGRAPHIE ET MAXIMES

DE

BLAISE DE MONTLUC.

PARIS. — Imprimerie de LACOUR,
Rue St-Hyacinthe-St-Michel, 33.

BIOGRAPHIE ET MAXIMES

DE

BLAISE DE MONTLUC,

PAR

ED. DE LA BARRE DUPARCQ,

Capitaine du Génie.

Mon escriture sera cause que ma mémoire
ne mourra pas si tost.
MONTLUC, *Commentaires*, l. IV.

PARIS,

LIBRAIRIE MILITAIRE, MARITIME ET POLYTECHNIQUE

DE J. CORRÉARD,

LIBRAIRE-ÉDITEUR ET LIBRAIRE-COMMISSIONNAIRE,

Rue Christine, 1.

—

1848.

BIOGRAPHIE ET MAXIMES

DE

BLAISE DE MONTLUC.

> Mon escriture sera cause que ma mémoire ne
> mourra pas si tost.
>
> MONTLUC, *Commentaires*, l. 4.

Montluc est un des caractères les plus originaux, un
des guerriers les plus célèbres du seizième siècle. Vif, vio-
lent, extrêmement colère, plein d'ambition, d'un courage
impétueux, d'un caractère difficile (1), il préféra toujours,
même sur la fin de sa carrière, malgré ses grades et di-

(1) « Montluc qui ne pouvoit souffrir de compagnon et bien moins encore de supérieur. » *De Thou*, Histoire universelle, avec la suite par
Rigault, traduction française, La Haye, 1740, t. IV, p. 202.

gnités, la petite guerre, la guerre d'aventures, qui met bien en relief le courage de l'officier.

Montluc, disent quelques biographes (1), ne fut jamais battu : il le soutient lui-même (2); cette assertion orgueilleuse n'est pas exacte. Mais, s'il fut quelquefois vaincu, il n'en est pas moins vrai qu'il a conduit presque toutes les expéditions dont il a été chargé avec autant de succès que d'activité et de courage (3).

MONTLUC (BLAISE DE LASSERAN-MASSENCOME, seigneur DE) naquit à Condom de 1500 à 1504 (4), d'un gentilhomme pauvre appartenant à une branche de la famille d'Artagnan-Montesquiou, Il fut élevé dans la maison du duc Antoine de Lorraine, et pourvu, une fois *mis hors de page*, d'une place d'archer dans la compagnie de ce prince, dont l'illustre chevalier sans peur et sans reproches, *Bayard*, était le lieutenant. Mais, enflammé du désir de voir l'Italie, cette terre classique des exploits et des revers français, il retira de son père « quelque peu d'argent et un cheval

(1) Entr'autres *André Thevet* dans *Les vrais portraits et vies des hommes illustres*, Paris, 1584, p. 460.

(2) « Dieu m'a tellement assisté que je n'ay jamais esté deffaict ny surpris, en quelque faict de guerre ou j'ay commandé; ains tousjours rapporté victoire et honneur. » *Commentaires de Blaise de Montluc*, édition du *Panthéon littéraire*, page 1, 2ᵉ colonne. Voyez aussi p. 15, 2ᵉ col.

(3) D'Ecrammeville, *Essai sur l'art de la guerre*, tome I, p. 296.

(4) Brantôme, lui donnant 71 ans au siége de Rabasteins (1570), le fait naître en 1499. De Thou le suppose né en 1500, quand il dit qu'au même siége Montluc avait 70 ans (*Hist. universelle*, tome IV, page 325). D'autres auteurs le font naître en 1502. Montluc lui-même donne plusieurs dates.

d'Espagne, » et se rendit à Milan âgé de 17 ans (1). Il entra alors, en qualité d'archer, dans la compagnie de M. de Lescun, qui devint peu après maréchal de France, et que l'on connaît sous le nom de *maréchal de Foix*. De grands seigneurs ne dédaignaient pas alors de servir dans les compagnies.

Après avoir assisté au combat de la Bicoque (1522), et s'être vaillamment distingué pendant toute la campagne jusqu'à l'évacuation du Milanais, il accepta, dans le but d'avancer plus rapidement, une enseigne dans la compa-gnie de *gens de pied* du capitaine *La Clotte* qui fut envoyée à Bayonne. Son courage le fit remarquer, et, en 1523, M. de Lautrec lui donna la compagnie de son capitaine : il n'avait alors que vingt ans. « Bientôt les hostilités avec les Espagnols cessèrent, les compagnies d'infanterie furent dissoutes, et Montluc rentra comme homme d'armes dans la compagnie du maréchal de Foix. Il ne put même être du petit nombre de ceux qui l'accompagnèrent en Italie ; et il fut obligé d'aller y faire la guerre comme volontaire (2). » A la bataille de Pavie (1525), « il reçut plusieurs blessures en combattant comme un lion (3), » mais le succès ne ré-pondit pas à son attente et il fut fait prisonnier. Plus heu-reux que son Roi, il fut reconnu n'avoir pas moyen de payer rançon, et reçut l'ordre de « vuider le camp et

(1) *Commentaires*, dans le *Panthéon littéraire*, page 6. Comme on était alors en 1521, cela le ferait naître en 1504.

(2) Buchon, *Notice sur Montluc*, en tête des *Commentaires*, édition du *Panthéon littéraire*.

(3) Les vies de plusieurs hommes illustres et grands capitaines de France, Paris, 1726, in-12, t. I, p. 275.

se retirer en France (1). » Il revint rejoindre sa compagnie en Languedoc, vivant, tout le long de la route, de « raves et tronsons de choux (2). »

En 1527 il leva une compagnie d'infanterie pour M. de Lautrec: cette compagnie contenait environ moitié arquebusiers, proportion très forte pour l'époque. Il se rendit avec sa compagnie en Italie, se distingua au siége de Capistrano et reçut en récompense, grâce à l'intercession de *Pierre de Navarre* dont il s'était attiré l'amitié, « la tour de la Nunciade, la première baronnie de Naples (3). » Mais bientôt, abandonnés par Doria et découragés par la mort de Lautrec, les débris de l'armée française levèrent le siége de Naples. Après la capitulation d'Averse, bien peu échappèrent. Montluc fut du nombre; il rentra en France, trouva son père « assez en nécessité pour n'avoir pas grands moyens de l'ayder (4) » et fut trois ans avant de pouvoir guérir ses blessures. « Après estre guery, il fallut, dit-il, faire tout ainsi que le premier jour que je sortis hors de page, et, comme personne incogneue, chercher ma fortune aux grands périls de ma vie, endurant beaucoup de nécessités (5). »

(1 et 2) Commentaires, page 13. Lorsque je n'indiquerai pas autrement les Commentaires, il s'agira de l'édition du *Panthéon littéraire* qui est la plus répandue. Montluc rapporte aussi, page 13, qu'il entendit, immédiatement après la bataille, le capitaine *Sucre*, un des bons guerriers au service de l'empereur, énumérer les fautes commises par les Français pendant l'action.

(3) Commentaires, page 16. Suivant la Biographie universelle, cette baronie de la *Tour de l'Annonciade* valait 1,200 ducats de revenu.

(4 et 5) Commentaires, p. 21, 2ᵉ colonne.

Montluc n'était pas inconnu comme il veut bien le dire : sa réputation de bravoure était grande. Aussi lorsque François Ier, par une ordonnance datée de 1554, eut créé les légions (1), le sénéchal de Toulouse, seigneur de Faudouas, chef (capitaine) de la quatrième légion, ou légion du Languedoc, le choisit pour son lieutenant.

Montluc et sa troupe arrivèrent bientôt à Marseille , et furent placés sous les ordres de MM. de Barbezieux et de Montpezat, lieutenants du roi, qui vint peu après de sa personne à Avignon (1536). Avec 120 hommes Montluc détruit les moulins d'*Auriole*, mais, à son grand désappointement, Barbezieux s'attribue la gloire de ce fait d'armes , auquel il s'était opposé, et ne le présente pas au roi. Il allait se rendre en Piémont sous M. de Boutières, lorsque, à la nouvelle du siége de Thérouanne par les Impériaux, il accourt en poste de Marseille à la cour, et reçoit du grand maître, ainsi que le capitaine *Guerre* , une compagnie d'infanterie. Une fois le siége levé, il dresse sur commission , deux compagnies, marche en Piémont, prend Mieulan et assiége Barcelonnette, où il reçoit un coup d'arquebusade dans le bras gauche. On conclut alors une trève pour dix ans. Montluc se retire dans sa maison, où les jours de paix lui semblent des années. « Pendant cette trefve, dit-il, j'essayai, mais en vain, d'être courtisan ; je fus toute ma vie mal propre pour ce mestier : je suis trop

(1) Consultez sur l'institution de ces légions, le P. Daniel, *Histoire de la milice françoise*, t. I, p. 257.

franc et trop libre; aussi y trouvai-je fort peu d'acquest (1). »

En 1542, Montluc assiste au siége de Perpignan, que commandait le Dauphin, et que le Roi donna bientôt l'ordre de lever pour éviter la saison des pluies. Suivant Montluc, l'ingénieur italien *Hieronimo Marin*, qui dirigeait les travaux du siége, commença ses tranchées beaucoup trop loin ; si l'on eût suivi ses conseils, et choisi le point d'attaque qu'il indiquait, on serait, dit-il, venu à bout de la ville.

En 1544, Montluc prit une part active à la bataille de Cérisoles.

L'Empire et l'Angleterre s'étaient ligués contre la France: suivant leur habitude, ils s'étaient partagé ce royaume et devaient marcher droit sur Paris, en passant entre les places fortes. Nos finances étaient épuisées : le conseil du roi voulait temporiser, mais le duc d'Enghein, qui assiégeait Carignan, envoya Montluc à Paris pour demander permission de livrer bataille. Le député était bien choisi. François Ier le fit assister à son Conseil dont tous les membres étaient pour l'inaction. Montluc combattit leurs raisons aussi vaillamment que l'ennemi, et, joignant la pantomime aux paroles : « Puis doncques, Sire, dit-il, que je suis si heureux que de parler devant un roy soldat, qui voulez-vous qui tue neuf ou dix mil hommes , ou mil ou douze cens chevaux, tous résolus de mourir ou de vaincre? telles gens que cela ne se deffont pas ainsi : ce ne sont pas des apprentis. Nous avons souvent sans advantage attaqué

—————

(1) Commentaires, page 29, 1re colonne.

l'ennemy, et l'avons le plus souvent battu. J'oserois dire que si nous avions tous un bras lié, il ne seroit encores en la puissance de l'armée ennemie de nous tuer de tout un jour , sans perte de la plus grande part de leurs gens et des meilleurs hommes. Pensez donc, quand nous aurons les deux bras libres et le fer en la main, s'il sera aisé et facile de nous battre. Certes, sire, j'ai appris des sages capitaines , pour les avoir ouy discourir , qu'une armée composée de douze à quinze mil hommes, est bastante d'en affronter une de trente mille: car ce n'est pas le grand nombre qui vainc, c'est le bon cœur: un jour de bataille, la moitié ne combat pas ; nous n'en voulons pas d'avantage : laissez faire à nous (1). » Le comte de Saint-Pol insista pour la paix. Mais le roi était gagné ; l'assurance de Montluc et son éloquence persuasive et adroite avaient fait leur effet. « Qu'ils combattent, s'était écrié François Ier. » M. de Saint-Pol dit alors en riant à Montluc: « Fol enragé, tu seras cause du plus grand bien qu'il pourroit venir au roy, ou du plus grand mal. » Mais Montluc , qui n'était jamais embarrassé, répondit avec conviction : « Monsieur, je vous supplie très humblement, ne vous mettez en peine ni crainte que nous gaignons la bataille ; et asseurez-vous que les premières nouvelles que vous entendrez, seront que nous les avons tous fricassés, et en mangerons si nous voulons (2). »

(1) Commentaires, page 63, 2e colonne.

(2) Commentaires, page 65, 2e colonne. La *Bibliothèque historique et militaire*, en rapportant cette scène (t. IV, p. 387 *), appelle Montluc « le

Malgré ses vanteries, les promesses de Montluc se réalisèrent : les Français, aidés par une artillerie plus mobile (1), vainquirent à Cérisoles. Montluc y commandait
toute l'arquebuserie ; pour dérober ses hommes aux coups
meurtriers de l'artillerie ennemie, il leur fit mettre genou
en terre, ordonna aux piquiers de prendre la pique non
plus *au bout du derrière*, mais bien *à demy* comme les
Suisses, et plaça un rang d'arquebusiers derrière le premier rang de piquiers : c'étaient autant d'innovations.
Homme des inspirations soudaines, Montluc avait éminemment le sens guerrier et son génie inventif semblait se développer sur le champ de bataille.

« Après la victoire de Cérisolles, Montluc abordant le
comte d'Enguien qui était triste et inquiet : — Mon prince,
lui dit-il, vous ai-je aujourd'hui servi à votre contentement.
— Oui, Montluc, répondit le comte d'Enguien, je n'oublierai jamais le service que vous avec rendu au Roi et
j'aurai soin de l'en instruire. — En même temps il l'embrassa et l'arma Chevalier avec beaucoup d'autres sur le
champ de bataille. Montluc lui demanda ensuite l'honneur
d'être nommé pour porter à la cour la nouvelle de la victoire, ainsi qu'il l'avait été pour demander la permission

jeune Montluc ». Or Montluc, étant né au plus tard en 1504 , avait alors
au moins quarante ans. On désignait d'ailleurs par le nom de *jeune
Montluc*, le sieur de Leoux, frère du maréchal. M. Nougaret, dans ses
Anecdotes militaires, in-12, 1827, donne à Montluc, en racontant la même
scène, le prénom de *Jean*, au lieu du prénom de Blaise.

(1) Napoléon-Louis Bonaparte, *Etudes sur le passé et l'avenir de l'artillerie*, tome I, 1846, pages 190 et suiv.

de combattre (1). » Mais ce fut M. d'Escars qui partit (2). Montluc en fut courroucé. « C'eust esté, dit-il, un bonheur à moy, et beaucoup d'honneur aussi, d'apporter au roy ce que je lui avois promis et asseuré. Il n'y eut ordre, il fallut passer par là ; à peine me peut-on appaiser ; j'avois beau me fascher et remonstrer le tort qu'on me faisait. Cent fois depuis me suis-je repenty que je ne me desrobay le soir mesme ; je me fusse rompu le col, ou j'y fusse arrivé le premier pour en porter la nouvelle au roy : je m'asseure qu'il ne m'en eust sceu que bon gré, et eust fait ma paix avec les autres (3). » Alors, « n'espérant jamais plus estre rien (4), » il demanda un congé et vint en Gascogne. Mais il y séjourna à peine, car il ne « hayssoit rien tant que sa maison (5), » et retourna en Piémont. Il y arriva lorsque M. de Tais, son colonel, rappelé en France, faisait route avec vingt-trois enseignes pour venir assister au siége de Boulogne, dont les Anglais s'étaient emparés. Ce fut devant cette ville qne Montluc reçut la patente de *maistre de camp*, en récompense de sa conduite à la bataille de Cérisoles.

Le maréchal du Biez reçut l'ordre de mettre, pour blo-

(1) *Les vies des hommes illustres de la France*, depuis le commencement de la monarchie jusqu'à présent, par M. *d'Auvigny*, 1745, t. XII, page 170.

(2) Sans doute, disent MM. *Liskenne et Sauvan*, parceque « Montluc se vantait trop et que l'on craignait qu'il ne s'attribuât l'honneur de la journée. » *Bibliothèque historique et militaire*, t. IV, p. 391 *.

(3 et 4) Commentaires, page 74, 2ᵉ colonne.

(5) Commentaires, page 75, 1ʳᵉ colonne.

quer Boulogne, le *fort d'Outreau* en état de défense. Mais les pionniers avaient abandonné leur besogne, et il fallait absolument faire travailler les troupes à leur place : là gisait la difficulté, car on regardait alors le maniement des outils comme déshonorant pour les soldats; c'était un vestige frappant de la fainéantise féodale. Montluc seul, par son opiniâtreté et sa disposition à combattre les préjugés de son temps, était capable de mener cette entreprise à bonne fin. Il obtint du maréchal qu'on donnerait cinq sols à chaque soldat qui travaillerait, comme aux pionniers : malgré cette promesse nul ne se présenta. « Voyant leur refus, dit Montluc, pour les convier par mon exemple, je prins ma compagnie, celle de mon frère M. de Lieux, et celles des capitaines Lebron, mien beau-frère, et Labit, mon cousin germain : car ceux-là ne m'eussent osé refuser. Nous n'avions pas faute d'outils, car M. le mareschal en avoit grande quantité, et aussi les pionniers qui se desroboient laissoient les leurs dans une grande tente que M. le mareschal avoit fait tendre pour retirer leurs ferremens. Comme je m'envins à la courtine, je commençay à mettre la main le premier à remuer la terre, et tous les capitaines après : j'y fis apporter une barrique de vin, ensemble mon disner, beaucoup plus grand que je n'avois accoustumé, et les capitaines le leur, et un sac plein de sols que je monstray aux soldats ; et, après avoir travaillé une pièce, chasque capitaine disna avec sa compagnie ; et à chasque soldat nous donnions demy pain, du vin, et quelque peu de chair, en favorisant les uns plus que les autres, disant qu'ils avoient mieux travaillé que

leurs compagnons, afin de les accourager. Et, après que
nous eusmes disné , nous nous remismes au travail en
chantant, jusques sur le tard : de sorte qu'on eust dit que
nous n'avions jamais faict autre mestier. Après, trois thre-
soriers de l'armée les payerent à chascun cinq sols ; et ,
somme nous retournions aux tentes, les autres soldats ap-
peloient les nostres pionniers gastadours. Le lendemain
matin, le capitaine Forcez me vint dire que tous les siens
y vouloient venir, et ceux de son frère, qui est encore en
vie, aussi : lesquels je receus tous ; et en fismes de mesmes
comme le jour devant, de sorte que le troisièsme jour tous
y vouloient venir; et en huit jours nous eusmes dressé
toute ceste courtine (1). »

Ce fait est remarquable: c'est le premier pas dans l'ardue.
question de l'*application de l'armée aux travaux publics* (2).
Montluc obtint des troupes qu'elles exécutassent des travaux militaires: soixante ans plus tard, Henri IV les em-
ploya à des travaux civils , au creusement du canal de
Briare; le petit-fils de Henri IV, outre les travaux des ca-
naux du Midi et d'Orléans, qu'on pouvait justement consi-
dérer comme travaux d'utilité publique , fit encore parti-
ciper son armée à la construction du palais de Versailles.
Comme on le voit, depuis Louis XIV, la question n'a point
marché, si même elle n'a pas rétrogradé.

(1) Commentaires, page 84, 2e colonne et suivante.
(2) Voyez sur cette question : *Etude sur l'application de l'armée aux
travaux d'utilité publique,* par J.-B. KRANTZ, ingénieur des ponts-et-
chaussées, Paris, 1847, ou le Compte que j'ai rendu de cet excellent travail dans le *Journal des sciences militaires* de novembre 1847.

Montluc ne parle point de l'ingénieur italien *Melloni*, chargé de la construction du fort d'Outreau : il y a lieu de s'en étonner, car cet ingénieur ne montra pas plus de talent qu'Hieronimo Marin, dont Montluc relève les fautes au siége de Perpignan : Melloni prit mal ses mesures et n'eut point égard au talus des boulevarts (1).

Montluc n'assista pas à la reddition de Boulogne : il revint en Gascogne, où il séjourna jusqu'à la mort de François Ier.

Sous Henri II, Montluc se distingua par de nombreux exploits dans le Piémont, où l'on se souvint longtemps de ses soldats, nommés les *morions jaunes*, parce qu'il avait fait couvrir leurs morions (2) de taffetas de cette couleur, « pour l'amour de Monsieur de Termes, qui portoit le jaune (3) ». Des hommes tels que Montluc étaient précieux pour le maréchal de Brissac, que la Cour ne soutenait point, et dont le génie militaire s'usait en Italie, à de petites actions, faute de ressources : ce général sut pourtant tirer un grand parti de l'artillerie, qu'il fit toujours agir

(1) « Et de fait, dit *Varillas*, quand on eut pris sur la largeur du haut ce qui était nécessaire à la proportion du même talus, les boulevards parurent si étroits qu'on ne pouvoit mettre dessus aucune pièce d'artillerie, et le dedans du fort se trouva tellement serré qu'on n'y pouvait loger 500 hommes. Il fallut donc remplir les fossés. » *Histoire de François Ier*, Paris, 1685. t. II, p. 507.

(2) « Morion, pot que le soldat mettoit sur sa tête pour sa défense. Le *morion* étoit pour les gens de pied comme le *heaume* pour les cavaliers pesamment armés. » *La Chesnaye des Bois*, dictionnaire militaire, 4e édition, Paris, 1758, t. II, p. 630.

(3) Commentaires, page 115, 1re colonne.

avec vigueur et promptitude. Arrivé près du château de Lems, situé sur des rochers à pic, Brissac renonçait à l'attaquer, ne croyant pas possible d'établir les batteries nécessaires. Mais Montluc, avec son coup d'œil topographique, avait reconnu quatre petits emplacements où l'on parvint, la nuit, à monter des pièces par des rampes contournées, tracées à grande peine dans les rochers : le matin, le château, étonné des effets de cette batterie magique à laquelle il était loin de s'attendre, capitula (1)

La prise de Quiers (1551), la délivrance de San-Damian (2), la défense de Bêne, les prises de Cortemiglia et de Céva, confirmèrent encore la brillante réputation de Montluc, à qui l'on donna pour récompense le gouvernement d'Albe (1555), et une place de gentilhomme de la chambre.

Ainsi, Montluc était aussi bon artilleur qu'habile officier d'infanterie : nous venons de le voir se distinguer

(1) Histoire générale de l'artillerie, par M. J. Brunet, capitaine d'artillerie, 1842, t. I, p. 316.

(2) « Les habitants de Quiers ayant battu la chamade, le Mareschal depescha vers eux, moyennant ostages, Montluc et Vimercat, et moy avec eux; ils sceurent si bien ioüer leur personnage que le mesme iour la place fut remise ès mains du Roy....... Du coté de la Cisterne, Montluc auoit bien faict son deuoir au secours des assiegez de Sainct-Damian. » *Mémoires du sieur François de Boyvin, chevalier, baron du Villars.* etc., sur les guerres demeslées tant en Piedmont, qu'au Montferrat et duché de Milan, par Charles de Cossé, comte de Brissac, maréchal de France. de 1550 à 1559. Paris, chez Jean Gesselin, 1606, in-4°, pages 49 et 263. Ce témoignage de du Villars envers Montluc est précieux, car ces deux auteurs sont souvent en contradiction, ce qui s'explique par la partialité de du Villars pour le maréchal de Brissac.

dans l'attaque des places ; suivons-le actuellement dans l'une des plus brillantes défenses qui honorent les armes françaises.

En 1554 (1), Henri II envoya Montluc défendre la ville de Sienne, malgré les avis du connétable de Montmorency et du maréchal de Brissac, qui le trouvaient trop prompt et trop colère : aussi, en lui envoyant les *provisions* de cet emploi, le roi écrivit-il fort obligeamment à Montluc, de *laisser sa colère en Gascogne*, où il était alors. Arrivé dans Sienne, Montluc parvint à enflammer le courage des habitants et à leur faire soutenir un long siége, malgré les tortures d'une affreuse disette. Mais il tomba malade, et dès lors le découragement se glissa au cœur des Siennois, qui parlèrent de se rendre. Pour relever leur courage, Montluc imagina un coup de théâtre ; je le laisse parler lui-même en son style coloré.

« Or, dit-il dans ses *Commentaires* (2), j'estois encore si très-exténué de ma maladie, et le froid estant grand et aspre, j'estois contrainct d'aller si enveloppé le corps et la teste de fourreures, que, quand on me voyoit aller par la ville, nul ne pouvoit avoir espérance de ma santé, ayant opinion que j'estois gasté dans le cœur, et que je mourois à veue d'œil. « Que ferons-nous, disoient les dames et les poureux (car en une ville il y a d'uns et d'autres), que ferons-nous si nostre gouverneur meurt ? Nous

(1) Nous possédions alors, au–delà des monts, 58 places. *Mémoires de Boyvin du Villars*, p. 408.

(2) Page 137, 2e colonne et suivante.

sommes perdus : toute nostre fiance, après Dieu, est en luy; il n'est possible qu'il en eschappe. » Je croy fermement que les bonnes prières de ces honnestes femmes me tirèrent de l'extrémité et langueur où j'estois, j'entends du corps, car, quant à l'esprit et l'entendement, je ne le sentis jamais affoiblir. Ayant donc accoustumé auparavant d'estre ainsi embeguiné, et voyant le regret que le peuple avoit de me voir ainsi malade, je me fis bailler des chausses de veloux cramoysi, que j'avois apportées d'Albe, couvertes de passement d'or, et fort découppées et bien faictes, car au temps que je les avois faict faire j'estois amoureux. Nous estions lors de loysir en nostre garnison, et, n'ayant rien à faire, il le faut donner aux dames. Je prins le pourpoint tout de mesmes, une chemise ouvrée de soye cramoysie et de filet d'or bien riche (en ce temps-là on portoit les collets des chemises un peu avallés); puis prins un collet de bufle, et me fis mettre le haussecol de mes armes, qui estoient bien dorées. En ce temps-là je portois gris et blanc, pour l'amour d'une dame de qui j'estois serviteur lorsque j'avois le loysir; et avois encore un chappeau de soye grise, faicte à l'allemande, avec un grand cordon d'argent, et des plumes d'aigrette bien argentées. Les chappeaux en ce temps-là ne couvroient pas grands, comme font à ceste heure. Puis me vestis un cazaquin de veloux gris, garny de petites tresses d'argent à deux petits doigts l'une de l'autre, et doublé de toille d'argent, tout découppé entre les tresses, le quel je portois en Piémont sur les armes. Or, avois-je encore deux petits flascons de vin grec, de ceux que monsieur le cardinal d'Armagnac m'avoit envoyés; je m'en frottay un peu les mains, puis m'en lavay fort le visage, jusques à ce qu'il eut prins un peu de couleur rouge, et en beu, prenant un petit morceau de pain, trois doigts, puis me regarday au miroir. Je vous jure que je ne me cognoissois pas moy-mesmes, et me sembloit que j'estois encore en Piemont, amoureux comme j'avois esté : je ne me peux contenir de rire, me semblant que tout-à-coup Dieu m'avait donné tout un autre visage. »

En cet accoutrement, Montluc se rendit à cheval au palais, pénétra dans la salle des délibérations et prononça, en italien, un long discours pour exhorter les habitants à faire leur devoir et à mourir les armes à la main.

Mais ce fut peine perdue : la disette fit des progrès effrayants et les Siennois entrèrent en pourparler avec les assiégeants. Montluc se refusa constamment à capituler au nom de Henri II (1), pour ne rien faire *qui ne fût digne du nom Français et du roi son maître* ; et lorsque la république de Sienne eut consenti, par le traité du 2 avril 1555, à rendre la place en son propre nom, il sortit de la ville (21 avril) tambour battant, enseignes déployées, emportant des lettres scellées du sceau de la république, par lesquelles le sénat siennois rendait témoignage de sa fidélité et de son courage.

(1) Brantôme, dans ses *Vies des hommes illustres*, blâme cette opiniâtreté. Suivant lui, Montluc, comme représentant du roi de France, ne devoit pas abandonner aux Siennois *l'honneur* de capituler. Cette raison pouvait, au xvie siècle, avoir un sens politique; mais au point de vue militaire elle sera toujours pitoyable.

Montluc n'avait pas été secouru pendant sa défense, mais, à son retour en France, il fut brillamment récompensé. Il reçut 2,000 écus argent comptant, 3,000 francs de pension, 3,000 livres de rente, le collier de l'ordre de Saint-Michel, deux places de conseiller au parlement de Toulouse, qu'il vendit à son profit pour payer la dot de sa fille *Françoise* à Monsieur de Fontenilles, le comté de Gorre (1), et une compagnie d'hommes d'armes, ce qui était la plus haute récompense à laquelle un gentilhomme pût prétendre. L'attestation du sénat siennois fut en outre déposée aux archives de la couronne : Montluc a toujours regretté de n'en avoir pas eu un double en sa possession.

Ces récompenses dénotent assez, malgré le silence de quelques historiens, l'importance attachée par Henri II à la belle conduite de Montluc, qui avait poussé la défense de Sienne jusqu'aux dernières limites du possible (2). Aussi peut-on s'étonner à bon droit que *Carnot,* dans son

(1) « Luy donna aussi le comté de Gorre pour en iouir toute sa vie, la quelle toutesfois après la mort du Roy lui fut ostée, par la suscitation de quelques vns, enuieux du bonheur de ce Martial Seigneur, le quel a esté, autant ou plus que nul autre de son aage, attaqué d'enuieux, qui luy ont taillé de la besoigne de biais beaucoup, mais qu'il a aisément redressé, et le plus souvent les a contrainct ou de rôger leur frein, sans se déclarer estre de la partie, ou bien de creuer de despit. » *Les vrais portraits et vies des hommes illustres,* par *André Thevet,* Paris, 1584, page 461.

(2) En présence d'un aussi beau résultat, il est bien permis au biographe de passer sous silence quelques mesures qui sont, au point de vue de l'art, de légères fautes.

patriotique (1) *Traité de la défense des places fortes*, n'ait pas mentionné la défense de Sienne. M. *Rocquancourt* rend pleine justice à Montluc. « Sa défense de Sienne, dit-il, est un exemple mémorable de vigueur, de constance et d'intrépidité : au moment où ses ressources paraissent épuisées, cet homme vraiment extraordinaire, crée, imagine, tire parti de tout, et parvient, au grand étonnement de son adversaire, à retarder la capitulation de plusieurs semaines (2). »

Montluc, ayant obtenu un congé du roi, se retira dans sa famille : mais trois semaines après il reçut l'ordre de partir immédiatement pour le Piémont, rejoindre le maréchal de Brissac, qui le demandait pour commander l'infanterie. Le roi lui fit cadeau d'un bon cheval et il se mit en route. Il débuta par assister au siège de Vulpiano (1555), et s'y distingua par une grande entente des choses de l'artillerie. « Nous mesurions, dit-il, combien de contre-escarpe nous falloit coupper pour mettre l'artillerie sur le bord du fossé, et voir aussi si le recul du canon serait veu de l'arquebuserie des ennemis, et nous aussi, si nous logions contre la contre-escarpe (3). »

Vint ensuite la prise du château de Montcalvo. Montluc parvint, avec M. de Caillac, à loger trois canons sur la

______

(1) Nous disons *patriotique* parce qu'il y a tout lieu de penser que Carnot, qui était assez mal avec Napoléon, accepta la mission de composer ce *Traité*, surtout à cause de l'utilité réelle de l'idée de l'Empereur pour la conservation des places françaises.

(2) Cours d'art et d'histoire militaires, tome 1, page 352.

(3) Commentaires, p. 174, 1re colonne.

contrescarpe. « Tous les princes, raconte-t-il, vindrent veoir nostre besongne, et monsieur d'Anguien, me prenant par le faux du corps, me dit : vous avez esté mon soldat autresfois, à présent je veux estre le vostre. — Monsieur, dis-je, vous soyez le bien venu : un prince ne se doit pas dédaigner de servir au besoin de pionnier ; voicy besongne pour tous (1) » Ainsi, Montluc ne perdait aucune occasion de réhabiliter les travaux de terrassement aux yeux des troupes.

En 1556, Montluc voulut, aux environs de Rome, enlever le seigneur *Marc-Antoine Colonna, duc de Palliano* (2), dont il espérait 80,000 écus de rançon, et déjà, dans son imagination bouillante, il se voyait possesseur, près Paris, de terres achetées avec cet argent. Mais son embuscade manqua et peu s'en fallut qu'il ne fut lui-même fait prisonnier. Ce *pas de clerc* fit rire tout le monde aux dépens de notre Gascon.

En 1558, Montluc fut rappelé d'Italie en France, et envoyé immédiatement, comme colonel-général de l'infante-

(1) Commentaires, p. 173, 2ᵉ colonne.

(2) A ce moment, Marc Antoine Colonna n'était plus duc de Pallian le pape lui avait retiré ce titre pour le donner à son neveu ; mais cela ne dura pas. Marc-Antoine Colonna commandait en 1571, à la célèbre bataille de Lépante, les galères du pape. Voyez à ce sujet : *Collection de documents inédits relatifs à la célèbre bataille de Lépante*, tirés des archives générales de Simancas, par le colonel du génie *Don José Aparici*, Madrid, 1847 (en espagnol), pages 29 et 31. Quelques auteurs attribuent à Prosper Colonne, frère du précédent, l'invention des bastions. Consultez *Histoire de la fortification permanente*, par M. de Zastrow, page 76 du tome I de ma traduction.

rie (1), auprès du duc de Guise, à Thionville. Montluc était tout dévoué à son nouveau général, sous lequel il avait déjà servi en Italie : même courage et même attachement pour la foi catholique avaient rapproché ces deux guerriers : la courtoisie de l'un avait achevé de gagner le cœur de l'autre. Ce Duc était, dit Montluc, « un des plus diligens lieutenans du roy que j'eusse encore servy, des dix-huit sous qui j'avois faict service au roy. Il avait une imperfection, qu'il voulait escrire presque toutes choses de sa main, et ne s'en vouloit fier en secrétaire qu'il eust (2) » De Guise avait, ce me semble, parfaitement raison, et le reproche que lui adresse Montluc dénote une qualité ordinairement bien rare chez les généraux. Un jour Montluc, sortant de la tranchée, arrive à la hâte pour parler au Duc, mais il était en train d'écrire, et notre héros fut obligé d'attendre. « Au diable les escritures, s'écria-t-il ; il semble qu'il veuille espargner ses secrétaires : c'est dommage qu'il n'est greffier du parlement de Paris, car il gaigneroit plus que Du Tillet ny tous les autres. » Au travers des murailles mal jointes de la maisonnette où il travaillait, le duc de Guise entendit le mot et ne fit qu'en rire.

---

(1) Henri II forma en 1558, sous l'ancien titre de *vieilles bandes*, un régiment qui devint plus tard le régiment de Picardie : Montluc en fut le premier colonel. Avant la révolution, *Picardie* était le premier de nos régiments : les Gardes-Françaises et les Gardes-Suisses avaient seules le pas sur lui. Voyez *La Chesnaye des Bois*, Dictionnaire militaire, 1758, tome III, page 550.

(2) Commentaires, page 202, 2e colonne.

Ce fut à ce siége de Thionville que Montluc perfectionna l'art des siéges en imaginant de prolonger la tranchée tantôt à gauche, tantôt à droite, souvent des deux côtés à la fois, de manière à former des retours ou *places d'armes* dans lesquelles on logeait des soldats destinés à soutenir les travailleurs. Voici en quels termes il explique son invention : Monsieur le maréchal de Strozzi « me laissa faire les tranchées à ma fantaisie, car nous les avions, au commencement commencées un peu trop estroictes à l'appétit d'un ingénieur. Je faisois de vingt pas en vingt pas un arrière coing, tantost à main gauche, tantost à main droicte : et le faisois si large, que douze ou quinze soldats y pouvoient demeurer à chacun, avecques arquebuses et allebardes. Et cecy faisois-je afin que si les ennemis me gagnoient la teste de la tranchée, et qu'ils fussent sautés dedans, que ceux qui estoient au rière coing les combatissent, car ceux des arrière-coings estoient plus maistres de la tranchée que ceux qui estoient au long d'icelle. Et trouvèrent monsieur de Guise et monsieur le mareschal fort bonne ceste invention (1). ».

Le siége de Thionville nous apprend encore qu'on employait alors, pour attaquer les places, des mineurs anglais (2).

« Montluc, à qui l'invention des boyaux tirés à droite

---

(1) Commentaires, page 204, 1re colonne. Dans ma brochure intitulée : *De la fortification à l'usage des gens du monde*, Paris, 1844, page 30, j'ai cité le même passage d'après l'édition des *Commentaires* de 1594, deux tomes in-12.

(2) Commentaires, page 211, 1re colonne.

et à gauche de la tranchée, pour la soutenir contre les sorties, fit attribuer le principal honneur de la prise de Thionville, fut chargé d'aller prendre *Arlon*, autre ville du Luxembourg. Le même génie eut le même succès : Montluc donna un rayon de plus à sa gloire, une place de plus à la France (1). »

Après le siége de Thionville, Henri II appréhendait pour Corbie menacée par les Espagnols. Il s'agissait de porter secours à cette ville : on hésitait dans le conseil, on disputait, on croyait la chose impossible. Montluc propose de l'exécuter ; on l'accable d'objections ; il s'emporte : « en dépit des disputes et consultations, s'écrie-t-il, que le roi me laisse faire : *je creveral ou je le secourerai.* » Et en effet, il fit marcher le secours avec une diligence extraordinaire et empêcha l'armée d'Espagne d'assiéger Corbie.

La défaite qne nous éprouvâmes à Gravelines, amena bientôt le traité de Câteau-Cambrésis (3 avril 1559), entre Philippe II et Henri II. Ce n'était pas un traité désavantageux pour la France : nous augmentions notre territoire de Calais et des Trois-Évêchés. Mais Montluc n'en juge pas ainsi : lui qui ne rêvait que plaies et bosses, qui aimait les rois « volontaires à conquérir », ne pouvait être content de la paix. « Chascun, dit-il, peut juger que si la paix ne fust advenue, le père où les enfants eussent dominé toute l'Europe : le Piedmont seroit à nous, où tant de braves hommes se sont nourris ; nous aurions une porte

(1) Cours d'histoire militaire. *Histoire militaire des Français*, adoptée pour les écoles militaires. Paris, novembre 1813, tome II, page 417.

en Italie, et peut estre le pied bien avant ; et n'eussions veu tout renversé sans dessus dessous. Ceux qui ont bravé et ravagé ce royaume, n'eussent osé lever la teste, ny remuer, ny seulement penser à ce qu'ils ont exécuté depuis (1) »

Montluc se démit alors de sa charge de colonel-général de l'infanterie, qu'il n'avait acceptée que malgré lui et qui lui avait attiré la *mallegrâce* de la maison de Montmorency. Il se rendit avec le roi de Navarre à Bayonne, et, de retour chez lui, trouva le brevet de capitaine d'une compagnie de gendarmes.

Montluc perdit beaucoup à la mort de Henri II, dont il avait su gagner l'affection : pendant le règne de François II, il « séjourna quelque temps à la Cour et voulut se donner de l'importance au milieu des intrigues qui la divisaient : mais le duc de Guise lui ayant rappelé assez durement qu'il n'était qu'un soldat, il se contenta du rôle de serviteur aveugle de ce chef de parti. Aussi, dans ses mémoires, glisse-t-il entièrement sur un règne dont son orgueil avait souffert (2). »

Aussitôt la mort de François II, Montluc fit ses offres de service à la reine-mère. « Je seray, lui dit-il, si soudain à cheval que vous me le commanderez ; » et il retourna en Gascogne. Mais son astre avait pâli, et les guerres religieuses de la France devaient lui être funestes en stygma-

(1) Commentaires, page 221, 2e colonne.
(2) Biographie universelle, tome XXIX, 1821, article de M. *Foisset* aîné.

tisant à jamais son nom du titre de *Boucher royaliste*. C'est
grand dommage. Sans cela Montluc, devenu célèbre par
maints exploits fameux, fût resté comme le meilleur type
du guerrier français, au courage indomptable, à l'éloquence mâle, à l'esprit fécond en ressources, ne doutant
de rien, un peu trop vantard, mais bon à tout, servant à
pied et à cheval, comme artilleur et comme ingénieur,
souvent heureux grâce à son opiniâtreté, toujours craint
de l'ennemi, toujours utile à son pays.

En 1561, Montluc fut envoyé en Guyenne comme gouverneur, « avec patentes et permission de lever gens à
pied et à cheval, pour courir sus aux uns et aux autres
qui prendraient les armes. » On lui adjoigit, sur sa de-
mande, deux conseillers de Paris, *pour faire les procès;* il
craignait que ceux du pays ne fissent *rien qui vaille* (1).
Il se rendit en toute hâte à son poste, et dirigea ses opé-
rations de concert avec M. *de Burie,* qui était lieutenant de
roi dans cette province.

Je ne veux pas suivre mon héros au travers des guerres
religieuses, à jamais déplorables, qui remplirent les règnes
des deux derniers Valois, dont la dynastie agonisait.
Grand partisan de la maison de Guise, et « irréconciliable
ennemi de la Faction des Princes (2), » Montluc déploya,

---

(1) Ces deux conseillers de Paris, qui se nommaient *Compain* et *Gi-
rard,* lui résistèrent cependant quelquefois. Voyez les *Commentaires,*
page 237, 2ᵉ colonne.

(2) Histoire des guerres civiles de France, sous François II, Charles IX,
Henri III et Henri IV, par *Davila,* traduction française de *Baudoin,* Paris, 1657, in-4°, tome II, page 250.

en défendant la religion catholique, une fureur aveugle et une férocité au récit desquelles le cœur se prend d'indignation. Il semble, en le voyant souvent accompagné de deux bourreaux « bien équipés de leurs armes et surtout d'un marassau bien tranchant (1), » et faisant exécuter « sans sentence ny escriture, » qu'il se considérait comme le persécuteur né du parti huguenot. On a beau vouloir le juger au point de vue de son époque, il est impossible de l'absoudre, même en mettant en parallèle la conduite du *Baron des Adrets*, ce fameux chef protestant qui rendait bien atrocités pour atrocités. Cette conduite de Montluc était une faute politique, car, comme le dit fort bien d'Auvigny (2), « les intérêts du roi demandaient alors beaucoup de douceurs et de ménagements. » Il fallait réprimer et apaiser le parti qui attaquait le pouvoir royal pour détruire peut-être l'unité du royaume (3) : mais sévir aussi rudement, c'était pousser des gens au désespoir, c'était oublier que la persécution n'a jamais abattu une religion. Montluc dit, en terminant le livre IV de ses *Commentaires* · « Et commenceray à escrire les combats où je me suis trouvé durant ces guerres civiles, esquelles il m'a fallu,

---

(1) Commentaires, page 232, 1re colonne.

(2) Les vies des hommes illustres de la France, t. XII, p. 341.

(3) Montluc rapporte une réponse qui peint bien l'opinion qu'avaient alors les huguenots sur la royauté. Quand on leur parlait au nom du roi : « Quel roy, disaient-ils , nous sommes les roys ; celuy-là que vous tes est un petit reyot de m....; nous lui donrons des verges, et luy donrons mestier pour luy faire apprendre à gaigner sa vie comme les autres. » *Commentaires*, p. 232, 1re colonne.

contre mon naturel, user non seulement de rigueur mais de cruauté. » Mais le contenu de ses trois derniers livres fait clairement voir que cet aveu de cruauté n'est qu'un moyen oratoire pour préparer le lecteur à ce qui va suivre. Montluc fait en effet parade de l'effroi qu'inspirait son nom (1), et dit naïvement qu'on reconnaissait par où il avait passé aux cadavres des huguenots pendus aux arbres : c'était une terrible manière de jalonner sa route ; mais cette manière présentait un immense avantage, car « un pendu estonnoit plus que cent tués (2). »

« Montluc, dit Brantôme, servit très bien le Roy en ses premières guerres civiles, aussi y gagna-t-il bien la pièce d'argent, et luy qui auparavant n'avoit pas grandes finances, se trouva à la fin de la guerre avoir dans ses coffres cent mille escus, dont pour ce ne voulut avoir la totale extermination des Huguenots, disoit-on, d'autant qu'il tenoit cette maxime, qu'il ne faloit jamais abattre du tout ou déraciner un arbre qui produisoit de beaux et bons fruits (5). » Ces paroles de Brantôme paraissent exagérées surtout quand on les compare au passage suivant des *Commentaires,* que l'on peut soupçonner à son tour d'exagérer en sens contraire. « Et quant à estre riche pour les biens, il y a cinquante ans que je commande, ayant esté

(1) « J'ay tousjours eu un mauvais bruit de faire jouer de la corde. » *Commentaires,* p. 98, 1re colonne. « Il sembloit, quand ils oyoient parler de moy, qu'ils avoient le bourreau à la queue. » *Idem,* p. 244, 1re col.

(2) Commentaires, p. 254, 1re colonne.

(3) Vies des hommes illustres et grands capitaines français, *Vie de M. de Montluc.*

trois fois lieutenant du roy, trois fois maistre de camp, gouverneur de places, capitaine de gens de pied et de gens de cheval ; et avecques tous ces estats, je n'ay jamais sceu tant faire que j'aye acquis trois mestairies, et rachepté un moulin qui avoit esté de ma maison ; et tout cela ne monte que de quatorze à quinze mil francs : voylà toutes les richesses et acquisitions que j'ay jamais faictes ; et tout le bien que je possède aujourd'hui ne pourrait estre affermé à plus de quatre mil cinq cens francs de rente (1). »

En fait de cruautés, « aucun annaliste, dit M. Buchon, ne pourrait réunir contre Montluc autant de faits qu'il en réunit lui-même. »

En 1562, il fait massacrer 3,000 protestants à Toulouse (2), où la même boucherie se renouvelle dix ans plus tard à l'occasion de la Saint-Barthélemy (1572). Montluc avait alors 70 ans. Il était tout défiguré. En effet, en 1570 (3), au siège de Rabasteins, ayant encore *autant*

(1) Commentaires. p. 224, 2e colonne.

(2) Après l'édit royal de pacification du 12 mars 1563 , Montluc sévit contre les coupables de quelque religion qu'ils fussent. Il fit pendre deux catholiques et deux huguenots qui avaient transgressé l'édit. « Et quand, dit-il, les deux religions virent que les uns ny les autres ne pouvoient avoir d'assurance de moy s'ils transgressoient ; ils se commencerent à entr'aymer et se fréquenter. Voy-là comme j'entretins la paix l'espace de cinq ans en ce pays de Guyenne entre les uns et les autres ; et croy que si tout le monde eust voulu faire, sans se partialiser d'un costé ny d'autre, et rendu la justice à qui la méritoit, nous n'eussions jamais veu tant de troubles en ce royaume. » *Commentaires*, p. 279, 2e colonne.

(3) Un an auparavant (1569) Montluc avait employé pour rompre le pont de bateaux construit par les calvinistes sur la Garonne, auprès d'Aiguillon, un moyen qui mérite d'être mentionné : il avait fait détacher en

de passion pour la gloire que dans sa jeunesse, il se laissa emporter à la fougue de son caractère. Comme ses troupes ne faisaient pas bien leur devoir et qu'elles s'arrêtaient sur le bord du fossé, quoiqu'il eût quelque pressentiment de son malheur, il s'écria tout en colère : *Ce n'est pas ici l'affaire d'une lâche soldatesque, c'est l'affaire de la noblesse.* » Il anime ses amis, va droit à la brèche pour enlever le soldat par sa présence et ordonne qu'on apporte des échelles. C'est alors qu'il fut blessé d'un coup d'arquebusade : il eut tout le visage couvert du sang qui lui sortait par la bouche et par les narines. Il cacha sa douleur et se retira sans qu'on s'en aperçût. « Comme on doutait de sa guérison, Liberon le conduisit à Marsiac, et sans attendre qu'il se fût démis de son commandement entre les mains du Roy, on lui fit l'injustice de mettre à sa place Honoré de Savoye, marquis de Villars (1) » Montluc fut tellement défiguré des suites de cette blessure, qu'il fut obligé de porter un masque tout le reste de sa vie. Il s'en était vengé en faisant passer tous les habitants de Rabasteins au fil de l'épée.

En **1573**, Montluc, disant « qu'il vouloit pour sa sépulture ou quelque trâchée ou quelque fossé (2), » assista au

amont de gros moulins sur bateaux, que des chaînes retenaient au rivage, et qui, emportés par la violence du courant, choquèrent le pont et le brisèrent. *Commentaires,* livre VII, page 364 et suivantes.

(1) De Thou, *Histoire universelle,* tome IV. page 326.

(2) Les vrais portraits et vies des hommes illustres, par *André Thevet,* 1584, prge 463.

siége de La Rochelle : ce fut le dernier acte de sa carrière militaire.

Un an après, Henri III, à son retour de Pologne (1574), lui donna le bâton de maréchal de France en récompense de ses services passés, et surtout de ceux qu'il avait rendus dans les guerres civiles. Le maréchal de Montluc fut renvoyé en Guyenne. Le Roi, « se fiant sur sa valeur et sur ses beaux faits du passé, creut qu'en un rien il auroit exterminé les Huguenots de par de-là, comme de fait il avoit promis d'y faire tout ce qu'il pourroit de rage, et pis que jamais. Le cœur estoit bien encore entier et vigoureux en ce bon vieillard, mais ce bon bras et cette belle force de jadis y failloient du tout, si bien que le Roy y ayant envoyé douze cens Reistres et le Régiment de Monsieur de Bussy, qui montait à deux mille hommes et très bons, il s'excusa de les prendre ny de faire la guerre, pour sa vieillesse, indisposition et âge caduc (1). »

Pendant les dernières années de sa vie, Montluc écrivit ses *Commentaires*, « partie de mémoire, et partie sur quelques écrits qu'il avait faits dans le temps (2). » Il y passe en revue sa vie entière. Ce curieux ouvrage, malgré la jactance naturelle de l'auteur, dépeint bien les faits militaires de l'époque. « Ce n'est pas un livre pour les gens de sçavoir, dit Montluc; ils ont assez d'historiens : mais bien pour un soldat capitaine. »

Né avec le siècle, ayant assisté à six règnes et combattu

_____

(1) Brantôme, vie de M. de Montluc.
(2) De Thou, *Histoire universelle*, tome IV, page 325.

sous cinq rois, Montluc mourut à Estillac, en Agénois (1577), en « aussi bons sens qu'il eust jamais. » Il avait passé par tous les grades, depuis celui de soldat jusqu'à celui de maréchal. Pendant ses cinquante-cinq ans de service, il avait reçu 24 blessures, et avait assisté à 5 batailles rangées, à 17 assauts de villes, à 11 défenses de places et à 200 escarmouches (1).

Montluc eut dix enfants (2) dont je vais dire quelques mots pour montrer que ses fils héritèrent de sa bravoure et de ses vertus militaires.

De son mariage avec *Antoinette Ysalguier* :

I. *Marc-Antoine*, tué à l'assaut du fort d'Ostie, près de Rome, en 1556.

II. *Pierre-Bertrand*, dit le capitaine *Perrot de Montluc*, gentilhomme de la chambre sous Charles IX. Montluc en faisait grand cas. Homme aux grandes entreprises, il mourut dans l'île de Madère, où il était descendu (1563) afin de faire de l'eau pour les six vaisseaux, équipés à ses

---

(1) Les armoiries du maréchal de Montluc étaient : Ecartelé au 1 et 4 d'azur au loup d'or qui sont les armes de la ville de Sienne, et au 2 et 3 d'or à un tourteau de gueules qui est Montluc.

(2) Consultez sur les enfants de Blaise de Montluc, les ouvrages suivants :

Brantôme, Vie de M de Montluc.

Histoire généalogique et chronologique de la maison royale de France, des pairs, grands officiers de la couronne, etc., par le *P. Anselme*, continuée par *Du Fourny*, Paris, 1733, tome VII, pages 261, 262, 292 et 378.

Moréri, grand dictionnaire historique, 1759, tome VII, aux articles Montesquiou et Montluc.

frais, avec lesquels il allait tenter une expédition en Afri-
que, dans le but d'y fonder un établissement destiné à
protéger nos marchands. — Il laissa deux enfants, Charles
de Montluc, seigneur de Caupêne, et Blaise de Montluc,
institué héritier par le maréchal son aïeul, et tué au siége
d'Ardres en 1596 (1).

III. *Jean de Montluc*, chevalier de Malte, puis comman-
deur, fut l'un des défenseurs de Malte dans le fameux siége
de 1565. Il commanda, à son retour, 15 enseignes d'infanterie. En 1569 (2), il était colonel de 30 enseignes. Il quitta
le service pour embrasser l'état ecclésiastique, fut nommé
évêque de Condom, mais ne fut point sacré à cause de
ses infirmités. Il se démit de son évêché en 1581.

IV. *Fabian de Montluc*, assista à la malheureuse expédition de son frère *Pierre* dans l'île de Madère, fut blessé

(1) Davila fait le plus grand éloge de Blaise de Montluc. Voyez *Histoire des guerres civiles*, t. II, p. 585. Consultez aussi *Brantôme*. Le *P.
Anselme*, dans son *Histoire généalogique et chronologique de la maison
de France*, 1733, t. VII, p. 292, dit que Charles de Montluc fut tué,
comme son frère, au siége d'Ardres : il y a sans doute erreur. *Moréri*
dit seulement que Charles de Montluc fit son testament le 3 janvier
1795.

(2) Ce chevalier assista en 1569 au siége de Saint-Jean-d'Angely avec
son régiment. Le *P. Daniel* remarque qu'il prenait, au lieu du titre de
mestre de camp, le titre de *colonel*, réservé jusque-là au colonel-général,
et avait dans son régiment deux compagnies *colonelles* dont il était capitaine particulier *Histoire de la milice françoise*, tome II, pages 364 et
365. Le général *Bardin*, dans le *Dictionnaire de l'armée de terre*, au mot
compagnie-colonelle, laisse croire qu'il s'agit, dans cette remarque du P.
Daniel, du maréchal de Montluc, tandis que l'auteur de l'*Histoire de la
milice françoise* nomme positivement le *chevalier de Montluc*.

comme son père, à la figure, au siége de Rabasteins, et
périt en 1573, à Nogarol, en voulant forcer une barricade.
Il fut chevalier de l'ordre du roi, capitaine de 50 lances
et gouverneur de Pignerol. Il épousa, le 9 janvier 1570,
Anne de Montesquiou, à condition que ses enfants prendraient le nom de Montluc-Montesquiou. Il eut deux fils,
Adrien et Blaise. — Adrien de Montluc-Montesquiou,
prince de Chabanais, *comte de Cramail* (1), baron de Montesquiou et de Saint-Félix, comte de Montluc, né en 1568,
fut capitaine de 100 hommes d'armes, maréchal-de-camp,
gouverneur et lieutenant-général au pays de Foix. Il fut
chevalier *nommé* des ordres du Roi, mais Richelieu le fit
enfermer à la Bastille comme conspiratenr, et il ne put re-
cevoir le collier des ordres. Il mourut le 22 janvier 1646,
âgé de 78 ans. Il avait eu deux bâtards légitimés, Marc-
Antoine et Jean-Jacques. Il a laissé plusieurs ouvrages, *la
Comédie des Proverbes*, en prose, 3 actes et un prologue;
les Jeux de l'inconnu et *les Pensées du Solitaire*.

V. Marguerite de Montluc, religieuse à Provins.

VI. Marie de Montluc, religieuse au monastère de Paris.

VII. Françoise de Montluc, mariée du vivant de son père
à François de la Roche, seigneur de Fontenilles.

De son mariage avec Isabeau de Beauville (1) :

VIII. Charlotte-Catherine de Montluc, mariée à Aimery

---

(1) Le comte de Cramäil (c'est le nom qu'il portait) fut l'un des plus
brillants *Intrépides* de la cour de Louis XIII. On nommait alors *Intrépides* ce que l'on nomma *Roués* pendant la Régence, et *Incroyables* sous
le Directoire.

(2) Isabeau de Beauville épousa en secondes noces François d'Escars.

de Voisins, seigneur de Montault, lieutenant-général au gouvernement de Provence.

IX. Suzanne de Montluc, mariée en premières noces à Henri de Rochechouart Barbasan, baron de Faudoas.

X. Jeanne-Françoise de Montluc, mariée à Daniel de Talleran (Talleyrand) de Grignols, prince de Chalais.

Le maréchal de Montluc était l'aîné de cinq sœurs et de six frères, dont le plus connu est *Jean de Montluc*, évêque de Valence. « Fin, délié, rinquant, rompu et corrompu, autant pour son savoir que pour sa pratique (1), il devint ambassadeur et mena plusieurs entreprises à bonne fin : mais, dit Varillas (2), « bien loin d'avoir été avancé par ses deux frères (3), il contribua plus qu'aucun autre à leur fortune. » Il était jacobin (dominicain) : ses progrès en belles-lettres lui acquirent la connaissance de la reine de Navarre; François Ier le fit relever de ses vœux, et le lança dans la diplomatie. Ce fut lui qui fit nommer le duc d'Anjou (depuis Henri III) roi de Pologne. Il fut condamné comme hérétique par Pie IV, mais son accusateur lui fit amende honorable faute de preuves pour soutenir ses allégations. Il composa une apologie de la Saint-Barthélemy : on a de lui des *sermons* remarquables. Il prêchait « tantôt à la catholique et tantôt à la huguenote, selon les différentes dispositions de la cour, où la reine Catherine ba-

(1) Brantôme, Vie de *M. de Montluc* dans ses *Hommes illustres français*.

(2) Histoire de François Ier, 1685, t. II, p. 302.

(3) Le maréchal de Montluc et Monsieur de Leoux.

lançoit entre les deux religions (1). » Il rentra, sur la fin de ses jours, dans le sein de l'église catholique, et mourut, entre les mains des jésuites, à Toulouse, le 13 avril 1579.

Jean de Montluc, seigneur *de Balagny*, fils du précédent légitimé en 1567, mort en 1603, se laissa battre à Senlis et à Arques, puis rentra dans les bonnes grâces de Henri IV, auquel il vendit (2) Cambrai, et qui le nomma, en récompense, maréchal de France et prince de Cambrai. Marié en premières noces à la sœur de Bussy d'Amboise, femme de tête et de cœur, il épousa en deuxièmes noces Diane d'Estrées, sœur de *la belle Gabrielle*. Il fut enterré en l'église de Balagny.

On connnaît encore un autre frère du maréchal de Montluc, Joachim, dit le *Jeune Montluc*, seigneur de Leoux et de Longueville, gentilhomme de la chambre du roi et chevalier de ses ordres. Il fut gouverneur d'Albi en 1552, puis lieutenant du roi en Piémont. Il acheta la terre de Chabanais, qu'il laissa par testament à son frère aîné (3), et mourut en 1567, sans enfants.

Malgré l'opinion du général *Bardin*, qui déclare « dépourvus de lumières et d'esprit de critique (4) » tous les auteurs qui ont préconisé Montluc comme militaire et comme

(1) Moréri, *Dictionnaire historique*, à l'article *Montluc*.

(2) Henri IV acheta ainsi en détail toutes les villes de son royaume. Voyez *Journal militaire de Henri IV*, par M. *de Valory*, Paris, 1821, in-8°, page 176 et suivantes.

(3) Le maréchal de Montluc en fit don à son fils Fabien, dont le fils Adrien fut prince de Chabanais.

(4) *Dictionnaire de l'armée de terre*, page 468, 1re colonne. *Bardin* reconnaît du reste qu'on doit à Montluc la connaissance de certains détails sur la forme des armes, des levées et de la tactique du temps.

écrivain, il n'en est pas moins vrai que, sous ces deux points de vue, Blaise de Montluc a une valeur incontestable.

Je le sais, Montluc avait tous les défauts d'un Gascon : il était surtout fanfaron ; il a fait beaucoup moins qu'il n'a dit (1), et il est évident que s'il n'avait pas écrit ses *Commentaires*, et s'il n'avait pas été mêlé aux guerres civiles, il serait peu connu, car les auteurs ses contemporains parlent à peine de lui (2). Et cependant, Montluc fut le 5e colonel-général de l'infanterie et le 96e maréchal de France ; mais il eut beaucoup d'ennemis (3) et des calomniateurs (4).

(1) « Montluc estoit l'homme du monde qui fardoit le plus sa réputation pour la rendre principalement agréable à la cour, où il ne négligea jamais aucun auantage, et où il ne put si bien faire auec son adresse et son éloquence qu'on ne publiât de luy qu'il en disoit plus qu'il n'en auoit fait, et on a temoignè la mesme chose de ses commentaires en quatre mots : *Multa fecit, plura scripsit.* » *Mémoires de Castelnau*, édition *Le Laboureur*, Paris, 1659, t. II, p. 139.

(2) Voyez pour exemple la description du siége de Thionville dans les *Mémoires de Vieilleville*, livre VII, chap. 5 à 18. M. le major prussien *Henri de Brandt* donne une double relation de ce siége, l'une d'après les Mémoires de Vieilleville, l'autre d'après les Commentaires de Montluc : il fait ensuite remarquer que ces deux écrivains diffèrent tellement sur ce siége, qu'il n'y a, dans leurs descriptions, d'autres points communs, que le nom de la ville et leur adresse mutuelle à se passer sous silence. *Histoire de la guerre*, par *Ciriacy et Brandt*, Berlin, 4 tomes in-18, (en allemand), tome III, par *Brandt*, 1835, page 586.

(3) Entre autres la duchesse d'Étampes, maîtresse de François Ier, et le maréchal de Damville. Ce dernier, accusé par Montluc d'intelligence avec l'ennemi, écrivit au roi pour se disculper et nomma les médisances de son accusateur les « *déraisonnables débordements d'un téméraire imposteur.* » *Mémoires de Castelnau*, édition *Le Laboureur*, 1659, tome II, page 139.

(4) De Thou, Histoire universelle, t. IV, p. 325.

La lecture des *Commentaires*, où les noms sont estropiés et les dates bouleversées, mais dont la véracité n'est point suspecte, a quelque chose de fastidieux parce que tout s'y suit sans divisions, sans points de repaire : mais elle est souvent attachante (1), et maintes fois « pleine d'instruction sur la science des hommes et des choses (2). » « On y trouve la vivacité originale, la brusquerie, la jactance et l'audace d'un homme qui avait pris pour devise : *Deo duce et ferro comite* (3). » On sourit plus d'une fois aux brillants éloges que se décerne l'auteur, mais on profite, sans s'en douter, des mille moyens ingénieux par lesquels il fait réussir un fait de guerre, et des excellents préceptes dont il accompagne ses récits. On admire en lui le chef de partisans, ne doutant de rien, croyant tout possible, électrisant ses troupes en leur communiquant sa confiance. On le reconnaît bon artilleur en voyant la manière habile dont il pose ses batteries de siége : on devine en lui l'étoffe d'un ingénieur (4), alors que personne ne voulait l'être (5). En

(1) Lisez par exemple la relation de la séance du conseil dans laquelle Montluc obtint la permission de combattre à Cerisoles. Livre ii, p. 62.

(2) Carrion-Nisas, *Essai sur l'histoire générale de l'art militaire*, t. I, p. 525.

(3) Biographie universelle, article *Montluc*, par M. *Foisset* aîné.

(4) On ne peut reprocher à Montluc d'avoir écrit : « Je crois que plusieurs se trompent de dire que Paris prins, la France seroit perdue. » Cette opinion était plus plausible de son temps qu'aujourd'hui.

(5) Les ingénieurs militaires étaient alors fort mal payés : le passage suivant en fait foi : « Il y a deux Ingénieux en Piedmont, si mal payez et appointez, que le dict Mareschal ne leur commande pas si absolument qu'il feroit, si le côtraire estoit ; pour ne desdaigner cette manière de gens, qui ont le nez si tendre que peu de chose les offence. Et de le

un mot, après avoir lu le livre de Montluc, on est tout
porté à adopter cette conclusion de l'un de ses biographes:
« On l'a toujours mis depuis sa mort au rang des capitaines de second ordre, car il n'a jamais commandé de
grandes armées en chef ; mais il a été jusqu'ici inimitable
pour les surprises, les embuscades, la conduite des partis,
les escarmouches et tous les détails de la guerre sur laquelle il a laissé un grand nombre de préceptes assez peu
lus, et encore moins suivis, quoique la plupart méritent de
l'être (1). »

Montluc, a dit de Thou, « était un homme que sa valeur,
son habileté, et son bonheur ont fait mettre en parallèle
avec les plus grands capitaines de son temps (2). » Mais
son plus bel éloge est dans ces paroles de *La Noue* : « Ses
actions ont été dictées par l'amour du devoir, et ses écrits
par le désir d'inspirer cet amour aux autres. »

Blaise de Montluc avait la plus haute opinion de lui-
même, et c'est pour amener un rapprochement entre lui
et César qu'il a intitulé sa vie *Commentaires* : peut-être
aussi est-ce une raison de ce genre qui lui fit donner à
son fils aîné les noms de Marc-Antoine.

La première édition des *Commentaires* parut en 1592 à

---

faire aujourd'huy, ce seroit se mettre en danger, pour la cognoissance
qu'ils ont de la force ou de la foiblesse de toutes nos places. » *Mémoires
de Boyvin du Villars*, 1606, page 465.

(1) D'Auvigny, *Hommes illustres*, tome XII, page 365.

(2) Histoire universelle, avec la suite par *Rigault*, 1740, t. IV, p. 395.

Bordeaux. La dédicace à la noblesse de Gascogne est assez curieuse : elle n'est pas de Montluc ; en voici un extrait.

« Le repos estoit son ennemy capital : aussi, tirant à la mort, il commanda qu'on mist sur son tombeau ces vers :

> Cy dessous reposent les os
> De MONTLUC, qui n'eut onc repos.

..... Ce sont icy les conceptions d'un fort , sain et pur estomach, qui ressentent leur origine et leur terroir, conceptions hardies et vigoureuses, retenant encore l'haleine, la vigueur et la fiereté de l'autheur. »

Il y a une édition des Commentaires de 1594 dont voici le titre complet :

Commentaires de messire Blaise de Montluc, mareschal de France. Où sont descris les combats, rancontres, escarmouches, batailles, siéges, assauts, escalades, prinses ou surprinses de villes et places fortes, défence des assaillies et assiégees, auecques plusieurs autres faicts de guerre signalez et remarquables, esquels ce grand et renommé guerrier s'est trouué durant cinquante ou soixante ans, qu'il a porté les armes : ensemble diverses instructions qui ne doyuent être ignorées de ceux qui veulent parvenir par les armes à quelque honneur, et sagement conduire leurs exploits de guerre. — Deux tomes in-12, ensemble de VI-654 pages, Paris, Chez Ambroise-Drovart, rue Saint-Jacques, à l'Escu au Soleil, 1594.

Cette édition est terminée par quatre pièces de vers.

1° *Tombeau de messire Blaise de Montluc ;*

2° *Sur le tombeau de son cœur.*

Voici cette pièce :

> Icy de Montluc vainqueur
> Est enclos le brave cœur ;
> Ou plutost affermer i'oze
> Qu'il est ici tout entier,
> Car tout cœur ce grand guerrier
> Estoit, et non autre chose.

3° *Epitaphe de Blaise de Montluc, mareschal de France et Marc-Antoine, Pierre et Fabien ses enfants.*

Cette pièce, contenant 195 grands vers, est un peu longue pour une épitaphe.

4° *Les mânes de messire Blaise de Montluc, mareschal de France,* par *P. de Brach.*

J'en cite un extrait.

> Montluc donc ne mourra, et sa gloire immortelle
> Ne verra que le temps aye pouuoir sur elle.
> Montluc qui a laissé cette marque de soy,
> D'auoir six fois dix ans faict service à son Roy,
> Et cinquante et huict ans commandé pour son Prince,
> Soit en la France, ou soit en estrange prouince :
> De n'auoir, quand luy seul a eu commandement,
> Attaqué l'ennemy, qu'il n'ait heureusement,
> Soit qu'il fut foible ou fort, emporté l'aduantage ;
> De n'auoir combattant iamais tourné visage ;
> D'auoir eu ceste gloire, auant voir son trespas,
> Qu'autre homme plus que lui, n'auoit veu de combats,
> De batailles, assauts, rencontres, entreprinses,
> Plus de murs deffendus, ny plus de villes prinses,
> De n'auoir veu ses fils de luy degenerer.
> O heureux qui se peut, comme luy, bien-heurer
> Par une heureuse mort, par une heureuse vie,
> D'une telle mémoire après la mort suyvie.

Ces vers sont assez mauvais. M. *Mary-Lafon* a mieux décrit la carrière de l'auteur des *Commentaires,* dans son drame du *Maréchal de Montluc* (1).

> J'avais treize ans à peine
> Quand je pris le mousquet; un parent, capitaine,
> Me fit soldat. Alors Charles-Quint, l'empereur,
> Sous son aigle tenait tout le monde en terreur,
> Et lui montrait Paris comme dernier trophée.
> La guerre étant partout vivement échauffée,
> J'y courus et rougis tour à tour mes deux mains
> Au sang des Espagnols, des Anglais, des Germains.
> Des charges, des assauts, rencontres, camisades,
> Je revins dix-sept fois blessé d'arquebusades.
> A Pavie, ou j'étais dessous un tas de morts,
> On me tira, le front tout balafré, le corps
> Broyé par les chevaux. Plus tard, à Cérisoles,
> J'enfonçai le premier les bandes espognoles ;
> A Boulogne (et ce fait compte entre les plus beaux),
> D'un combat malheureux je sauvai vingt drapeaux.
> Puis votre époux (2), Henri, qui fut mon second maître,
> A Sienne m'envoya : là je lui fis paraître
> Qui j'étais, en tenant huit mois, jusqu'à ce enfin
> Que tous mes soldats, tous fussent tombés de faim !
> Le roi mourut : sa bière était encore ouverte
> Quand François s'y coucha; le royaume à sa perte
> Semblait être entraîné par de mauvais destins.
> Les lys se flétrissaient, je courus aux mutins,
> Et soumis promptement ma rebelle province

(1) Drame en trois actes et en vers, représenté pour la première fois à Paris, sur le théâtre de l'Odéon (Second Théâtre Français) le 12 février 1842. Une feuille grand in-8°, à deux colonnes, imprimé chez Giroux et Vialat, à Lagny ; rare.

(2) Montluc s'adresse dans cette tirade à Catherine de Médicis.

A Charles, votre fils, ce jeune et loyal prince.
Soldat de quatre rois, sûr et ferme en tout temps,
Je les ai donc servis, défendus cinquante ans;
Ecrasant l'ennemi dans nos guerres civiles
Dans la Guyenne j'ai donc repris cinquante villes,
Battu trois généraux, fait ou facilité
Tout ce qu'on demandait à ma fidélité.

Il y a encore des éditions françaises des *Commentaires* de 1661, 1746, 1760. Enfin en 1836, M. *J.-A.-C. Buchon* en a donné, dans le *Panthéon littéraire,* une nouvelle édition dénuée malheureusement d'une *table analytique et alphabétique* destinée à coordonner les matières et à faciliter les recherches. Il existe une traduction anglaise et deux traductions italiennes des Commentaires.

Je termine ce travail par la reproduction des principales maximes de Blaise de Montluc; je les ai choisies avec le plus grand soin et j'espère qu'elles feront mieux apprécier la grandeur de vues, l'honnêteté et le bon sens d'un homme que sa vanité excessive, et le *moi* perpétuel de son style, avaient jusqu'à ce jour fait juger trop sévèrement.

Ed. de la Barre Duparcq.

MAXIMES

DE

BLAISE DE MONTLUC.

I.

Il faut que nous tous qui portons les armes ayons devant les yeux que ce n'est rien que de nous, sans la bonté divine, laquelle nous donne le cœur et le courage pour entreprendre et exécuter les grandes et hasardeuses entreprinses qui se présentent à nous.

II.

Mes compagnons, prenez exemple à ceux qui, pour estre loyaux en leur charge, lèvent la teste devant tout le monde, et sont estimés et honnorés des petits et des grands, et non à ceux qui par leurs vices baissent la teste en leurs maisons, ou bien leurs enfants pour eux. Le bien vous vient lorsque vous y pensez le moins : un seul bienfait du roy vous vaudra plus que tous les larrecins que vous scauriez faire.

III.

Sous un mauvais maistre on demeure longtemps apprentis, en encores après ne sçait-on pas beaucoup.

IV.

Mourir en gens de bien, c'est la récompense de la guerre et ce qu'on doit désirer.

V.

Il y a un quatrième vice (1) : si vous ne le pouvez éviter, au moins allez-y sobrement, sans vous perdre ; c'est l'amour des femmes. Ne vous y engagez pas, cela est du tout contraire à un bon cœur. Laissez l'amour aux crochets lorsque Mars sera en campagne : vous n'aurez après que trop de temps.

VI.

Il faut le plus qu'on peut desrober aux soldats la cognoissance du danger qui se présente, si on veut qu'ils aillent de bon cœur au combat.

VII.

Il n'y a pas moins d'honneur a faire une belle retraicte qu'à aller à un combat.

VIII.

Vous, capitaines , mes compagnons, qui me ferez cest honneur de lire peut estre ma vie, nottez que la chose du monde que vous devez desirer le plus, c'est de chercher l'occasion par la quelle vous puissiez monstrer ce que vous

---

(1) Les trois premiers sont le jeu, le vin et l'avarice : Montluc recommande aux gens de guerre de fuir ces quatre vices.

valez quand vous commencerez à porter les armes : car, si à vostre commancement vous demeurez victorieux, vous faictes deux choses entre autres : la première , c'est que vous vous faictes louer et estimer aux grands, et par ce moyen, par leur rapport, vous serez cogneus du roy, du quel nous devons tous espérer la récompense de nos services et labeurs ; la seconde est que, comme les soldats cognoissent un capitaine, le quel à son commencement a fait quelque chose de bon, tous les vaillans hommes recherchent d'estre à luy, espérant que, puisqu'il a eu si bon commencement, toutes choses lui doivent succéder heureusement.

IX.

Il n'y a rien qu'un grand cœur n'entreprenne pour se venger.

X.

Capitaines, et vous seigneurs, qui menez les hommes à la mort, car la guerre n'est autre chose, quand vous verrez faire quelque brave acte à un des vostres, louez-le en public : contez-le aux autres , qui ne s'y sont pas trouvés. S'il a le cœur en bon lieu, il estime plus tout cela que tout le bien du monde, et à la première rencontre il taschera encore de mieux faire. Que si vous faites comme plusieurs font, qui ne daignent pas faire cas du plus beau fait d'armes qui soit, et qui passent tout par mespris, vous trouverez qu'il faudra que vous les récompensiez par effets, puisque vous ne le voulez faire de paroles.

XI.

Ce n'est rien, mes compagnons, d'acquérir la réputation et un beau nom, si on ne l'entretient et continue.

XII.

Contre son ennemy on peut de tout bois faire flesches.

XIII.

Nostre nation ne peut patir longuement, comme faict l'espagnolle et allemande : la faute n'en est pas à la nation ny à nostre naturel, mais cela est la faute du chef. Je suis François impatient, dict-on, et encores Gascon, qui le surpasse d'impatience et colère, comme je pense qu'il faict les autres en hardiesse : mais si ay-je toujours esté patient, et ay porté la peine autant qu'autre sçauroit faire ; et j'en ay vu plusieurs de mon temps, et autres que j'ay nourris, lesquels s'endurcissoient à la peine et au labeur. Croyez, vous qui commandez aux armes, que, si vous estes tels, vous en rendrez aussi vos soldats à la longue.

XIV.

C'est une mauvaise chose quand le chef craint de perdre : qui va avec craincte ne fera rien qui vaille.

XV.

Un désespéré en vaut dix.

XVI.

Il y a bien des affaires en ce monde, et ceux qui ont de grandes charges ne sont pas sans peine : car s'ils hasardent trop, et qu'ils perdent, les voilà mal estimés, et jugés pour fols et mal advisés : s'ils sont longs et lents, on se mocque, voire le tient-on à couardise. Les sages tiendront un entre-deux. Mais cependant nos maistres ne se payent point de ces discours ; ils veulent qu'on fasse bien leurs affaires. Tel caquete des autres, que, s'il y estoit, se trouveroit bien empesché.

XVII.

Nostre fait est plus propre sur la terre que sur l'eau , ou je ne sçay pas que nostre nation ait jamais gaigné de grandes batailles.

XVIII.

Qui veut faire une exécution hasardeuse et de grand combat, il se faut garder surtout de vieux capitaines et de vieux soldats , parce qu'ils appréhendent trop le péril de la mort, et la craignent, et n'en tirerez jamais bon ou-vrage..... Le jeune n'appréhende pas tant le danger : il est vrai qu'il y faut de la conduicte : et entreprendra aisé-ment quelqu'exécution ou il y faut de la diligence : il est prompt, ingambe, et la chaleur luy enfle le cœur, qui est souvent froid au vieillard.

XIX.

Depuis qu'une femme parlemente et vous escoute, à Dieu vous comment, vous avez déjà le pied en l'estrieu. Aussi, quand une place commence à ouvrir l'oreille à la composition, tenez-la hardiment pour perdue.

XX.

Songez, vous qui estes nés gentilshommes, que Dieu vous a faicts naistre pour porter les armes, pour servir vostre prince et non pas pour courre le lièvre ou faire l'amour. Quand la paix viendra, vous aurez vostre part du plaisir : toutes choses ont leur temps et leur saison.

XXI.

Il faut qu'un capitaine et gouverneur sage et advisé, quand il est parmy les nations estrangères, tache tant qu'il peut se conformer à leur humeur. Parmi les Allemans et Suisses, il faut faire carroux ; avec les Espagnols, tenir leur morgue superbe et faire plus le religieux et dévotieux qu'on n'est ; parmy l'Italien, estre discret et sage, ne l'offencer ny caresser leurs femmes : quant au François, il est à tout faire.

XXII.

Jamais les soldats ne s'estonneront, tant qu'ils verront la hardiesse de chef durer.

XXIII.

N'estre né que pour soy, c'est-à-dire en bon françois estre né une beste.

XXIV.

Tout ce qui se faict est mis par escrit, et, sans les escritures qui se font parmy le monde, la plupart des gens d'honneur ne se soucieróient d'acquérir de la réputation, car elle coûte trop cher.

XXV.

Le naturel de toutes les femmes est tel, qu'elles hayssent mortellement les couards et les poltrons, encore qu'ils soient bien peignés, et ayment les hardis et courageux, pour laids et difformes qu'ils soient... car, tout ainsi que nous pensons que la plus grande honte d'un homme est d'avoir une femme p...., les femmes aussi pensent que la plus grande honte qu'elles ayent est d'avoir un mari couard.

XXVI.

Nos vies et nos biens sont à nos roys, l'âme est à Dieu, et l'honneur est à nous : car sur mon honneur, mon roy ne peut rien (1).

XXVII.

Pleust à Dieu que nous qui portons les armes, prinsions cette coutume d'escrire ce que nous voyons et faisons ; car il me semble que cela serait mieux accommodé de notre main (j'entends du fait de la guerre) que non pas des gens de lettres, car ils déguisent trop les choses, et cela sent son clerc.

XXVIII.

Gouverneurs, mordez-vous la langue plus tost que trop parler.

(1) Crillon répondit dans le même sens à Louis XIII qui lui proposait d'assassiner le maréchal d'Ancre : « Ma vie et mes biens sont a vous, mais je serois indigne du nom françois si je manquois aux lois de l'honneur. »

XXIX.

Si vous, monsieur le gouverneur, voulez vivre à chère ouverte, et cependant retrancher le manger des autres, vous tirerez sur vous la haine de vos capitaines et soldats. Il est raisonnable que vous, qui avez plus d'honneur, ayez plus de part à la peine.

XXX.

Un prince ne se doit pas dédaigner au besoin de servir de pionnier.

XXXI.

O qu'un homme qui vit parmi les grands doit estre sage !

XXXII.

Il ne faut point que l'on s'excuse jamais sur les soldats : car il n'y a homme en la chrestienté qui l'aye plus expérimenté que moy ; et n'ay veu jamais advenir faute par eux, ouy bien par les capitaines : car un bon et sage capitaine rendra de bons et sages soldats.

XXXIII.

C'est beaucoup d'acquérir cette réputation de se faire craindre et estimer à son ennemy.

XXXIV.

Je veillois lorsque les autres estoient en repos, sans

crainte du froid ni du chaud ; j'estois endurcy à la peine : c'est à quoy les jeunes gentilshommes qui veulent parvenir par les armes se doivent estudier et à souffrir, afin que lorsqu'ils se feront vieux, ils ne le trouvent pas si insupportable.

XXXV.

Certes, Sire, et vous qui estes appellés aux grandes charges, une des principales choses dont vous devriez avoir soin, c'est d'establir des lieux pour les pauvres soldats estropiats et blecés, tant pour les panser que pour leur donner quelque pension : pouvez-vous moins faire, puisqu'ils vous font présent de leur vie? Cette espérance leur fait prendre le hazard plus volontiers. Certes, vos ames en respondront, car elles n'auront pas plus de privilège que les nostres ; et si vous en porterez encores plus, car vous nous faictes faire les maux que nous faisons pour plaire à vos passions ; et si Dieu n'a compassion de vous et de nous, ce sera une grande pitié. Sire, à l'honneur de Dieu, pourvoyez aux pauvres soldats qui perdent bras et jambe pour vostre service ; vous ne les leur avez pas donnés, c'est Dieu ; pouvez vous moins faire que les ayder à nourrir? Pensez-vous que Dieu n'aye pas les malédictions qu'ils nous donnent, puisque nous les rendons toute leur vie misérables.

XXXVI.

Que l'avarice ne vous commande : ce peu que vous dependrez vous acquerra beaucoup.

XXXVII.

Et surtout faictes que vous ayez tousjours des provisions, et principalement du pain et du vin avecques vous, pour donner aux soldats quelque peu de rafraîchissement; car le corps humain n'est pas de fer.

XXXVIII.

Et ne faictes aucun doute que les hommes ne facent tousjours plus de chemin que les chevaux : je ne vous conseille chose que je n'aye faicte, et faict faire plusieurs fois; car après que les chevaux sont recreus, vous ne pouvez à coup d'esperon leur faire faire un pas : mais les hommes sont portés du cœur : il ne leur faut tant de temps pour se rafraischir; ils mangent en cheminant et se resjouissant, Il ne tiendra qu'à vous, capitaines, faictes comme j'ay fait souvent : quittez la botte, et à beau pied à la teste de vos gens, montrez leur que vous voulez prendre la peine comme eux. Il n'y a diligence que vous ne fassiez, et serez suyvis faisant enfler le cœur et redoubler les forces aux plus recreus.

XXXIX.

Les grands ont quelquefois, et quand Dieu le veut, besoing des petits ; il faut qu'ils recognoissent qu'ils sont du monde.

XL.

O la mauvaise beste que la division quand elle se met dans une armée! empeschez la tant que vous pourrez, vous qui commandez aux armées, car si une fois elle a ouvert la porte, il est malaisé de l'en chasser.

XLI.

Je ne seray jamais d'advis de donner commandement à deux : il vaut mieux un moindre capitaine seul que deux bons ensemble.

XLII.

Vous, messieurs, qui avez le moyen et qui voulez pousser vos enfans, croyez que c'est une bonne chose de leur faire apprendre, s'il est possible, les langues étrangères : cela sert fort, soit pour passer, soit pour se sauver, soit pour négotier et pour leur gaigner le cœur.

XLIII.

Que ceux qui craignent tant le danger, qu'ils demeurent au lict.

XLIV.

Et conseilleray tousjours à un mien amy de prendre charge plus tost loing que près du lieu de sa demeure, car enfin nul n'est prophete en son pays.

XLV.

Ne remettez jamais à demain ce que vous pourrez faire aujourd'huy.

XLVI.

En matière de conseils j'ay tousjours eu ceste coutume de faire opiner tout le monde, et m'en suis bien trouvé.

XLVII.

Le malheur est qu'en France les dames se meslent de trop de choses et ont trop de crédit.

XLVIII.

En vieille beste il n'y a point de ressource.

XLIX.

Les hommes ne se cognoissent pas au veoir comme les faux testons : Dieu seul peut lire dans leur cœur.

L.

J'ay tousjours ouy dire que ceux qui présument tant d'eux sont le plus souvent les moindres.

LI.

C'est à faire à un lieutenant de roy de prendre son party, car il n'est pas besoin tousjours de faire ce que le roy commande : il est loin et se repose sur vous ; c'est donc à vous, si vous avez tant soit peu de prudence, de juger le bien d'avec le mal.

LII.

Et croy que c'est une très belle partie à un capitaine que de bien dire. Je vous conseille, seigneurs qui avez le moyen, et qui voulez avancer vos enfants par les armes, de leur donner plus tost les lettres : bien souvent, s'ils sont appellés aux charges, ils en ont besoin et leur servent beaucoup : et croy qu'un homme qui a leu et retenu est plus capable d'exécuter de belles entreprinses qu'un autre.

LIII.

Capitaines, mes amis, il faut plus tost vous hazarder d'estre pris et sçavoir le vray, que non pas vous fonder sur le rapport des vilains. Ils ont la peur si avant dans le ventre, qu'il leur semble que tous les buissons sont des esquadrons, et l'asseurent, et cependant fiez vous là : c'est comme quand ils voyent cent escus, il leur semble advis qu'il y en a mille. Envoyez tousjours quelques soldats sans peur, et que plus tost ils se hazardent ; et si vous voulez faire mieux, allez y vous-mesme. Ainsi ay-je tousjours faict, et m'en suis bien trouvé.

LIV.

La diligence est une des meilleures pièces de la guerre.

LV.

Il faut souvent faire crever vos chevaux sous le fais, vous en recouvrerez assez, et non pas l'honneur quand vous l'aurez perdu : c'est chose qui ne se trouve pas, et pour la quelle vous portez l'épée au costé.

LVI.

La guerre porte qu'il faut hazarder quelquefois quand l'affaire est de grande importance, et ne regarder pas toujours à la raison de la guerre. Mais aussi peus-je bien dire que si vous estes longs à entreprendre et longs de pourvoir à l'exécution, vous pourrez plus perdre en hazardant que gaigner ; car l'homme qui hazarde, il faut que son entreprinse soit secrette et de prompte exécution, pour garder que l'ennemy ne sache ce que vous voulez faire avant que vous veniez à l'exécution ; car si vous luy donnez temps de le sçavoir, ou de pouvoir rompre ce que vous voulez faire, pensez qu'il a du jugement comme vous : il pourvoira si bien à son fait, qu'au lieu que vous le penserez surprendre, vous vous trouverez surprins et deffaits. Ne prenez pas toujours le plus aisé, ains trompez le, faisant semblant de vous jetter en un lieu pour passer par un autre.

LVII.

C'est une belle forteresse qu'un bon cœur.

LVIII.

Une armée ressemble un orloge ; si rien deffaut, tout va mal à propos.

LIX.

Capitaines, si vous faictes ainsi, et que vous mettiez la main à la besongne, vous y ferez aller tout le monde : la honte mesmes les y pousse et les y force. Quand il faict chaud en quelque lieu, si le chef n'y va, ou pour le moins quelque homme signalé, le reste ne va que d'une fesse et gronde qu'on les envoye à la mort. Puisque vous désirez de l'honneur, il faut prendre le hazard souvent autant que le moindre soldat.

LX.

Veillez lorsque les autres dorment, et ne laissez jamais vostre ennemy sans luy donner quelque chose à faire.

LXI.

Croyez, que quelque grand seigneur que vous soyez, que si vous ne faictes aymer à la noblesse, aux capitaines et aux soldats, que vous ne ferez rien bien à propos ; et si parfois la colère vous faict faire ou dire quelque chose, car nous sommes hommes, il faut réparer cela. — Il y a une autre chose laquelle m'a toujours entretenu l'amitié non seulement des gentils hommes, mais de tous ceux qui portoient les armes soubs moy, c'est que je n'ay eu jamais rien de cher pour les soldats et capitaines. Maintesfois ay-je donné estant capitaine et mes armes et mes habits, voyant quelqu'un qui en avoit besoing. Pour une picque, une hallebarde, un chappeau gris avec le panache, je gaignois le cœur de tel qui se fust mis au feu pour moy. Ma bourse n'estoit non plus serrée à la nécessité des compagnons.

LXII.

Generaux des armées et lieutenants de roy, il importe de conserver vostre personne et ne la mettre au hazard, faisant le pionnier et le soldat. Ce n'est pas pour vous dire que vous deviez estre couards et vous cacher derrière les gabions lors que les autres sont aux arquebusades, mais seulement pour vous faire sages, et que vous y alliez prudemment ; car de vostre perte dépend le reste.

LXIII.

Vous serez peut estre plus heureux et n'aurez pas tant d'ennemis que moy, qui, pour n'avoir voulu estre créature de personne, n'ay pas eu de patron, et d'ailleurs ay parlé peut estre trop librement et dit ce qui m'en sembloit. Il fait mauvais dire la vérité, et je ne sceus jamais mentir.

LXIV.

Sire, avant donner aucune charge dont et des quelles despendent tant de malheurs, à l'appetit d'homme du monde, ne la donnez jamais que, premierement vous n'ayez mis la personne à l'*examen* (1), la r'envoyant par devant vos docteurs, qui sont les vieux capitaines qui de longue main sont expérimentés aux armes..... J'entends que vous appellez pour assister à l'examen ceux qui ont tousjours suivy les guerres et qui ont force paragraffes, c'est à dire arquebusades ou coups d'espée sur leurs corps ; c'est signe qu'ils n'ont pas tousjours croupy sur les cendres.

LXV.

La seureté d'une place, sire, despend du chef, qui fera tout combattre jusques aux enfans, et sera cause que l'assaillant mal-aisément l'attaquera... Advisez y donc, sire, et songez y trois fois avant de donner la charge de deffendre une place à quelqu'un : ne vous fiez pas qu'il est vaillant ; il faut qu'il soit experimenté.

LXVI.

Or il faut que les personnes qui exercent les charges de

---

(1) L'Encyclopédie méthodique remarque que Montluc fut l'un des premiers à faire sentir tous les avantages que doivent produire tous les examens. *Art militaire*, 1784, tome I, page 470.

mareschaux de camp et de maistres de camp, ayent trois choses, la première des quelles est la longue expérience... La seconde, il faut qu'ils soient hardis et courageux... La dernière partie qui leur faut est qu'ils doivent estre vigilans et diligens ; et ainsi ils seront bons maistres tout à fait. Il ne faut pas que ce soient gens qui aiment à dormir à la françoise, ny songeards, ou longs à prendre résolution : il faut qu'ils ayent le pied, la main et l'esprit prompts et tousjours l'œil au guet, car de leur providence depend le salut de l'armée.

LXVII.

Il faut encores qu'en l'eslection que vostre majesté ou vostre lieutenant fera de telles personnes, qu'il regarde de bien près qu'ils n'aient point d'inimitié ensemble, ny quelque dent de laict, car là ou il y a de l'inimitié il y a tousjours de l'envie, et depuis qu'elle est parmi eux, jamais l'un ne trouvera bon ce que l'autre fera ; ce ne seront que disputes dont ne peut sortir que tout mal-heur. Il n'y a mestier si jaloux que le nostre, ny si plein de tromperie.

LXVIII.

Il me semble que ce seroit bien et sagement faict à votre majesté de mettre en roolle, selon vos provinces, les gens de valeur dont vous entendez parler, et leurs qualités, afin qu'advenant vacation de quelque charge, vous y puissiez pourvoir et vous ressouvenir d'eux... Vous devez appeller ce livre, *le livre d'honneur*.

LXIX.

Il ne faut pas se despiter contre son maistre.

LXX.

C'est mourir en beste de ne laisser nulle mémoire après soy.

FIN.